새를 심었습니다

새를 심었습니다

시인수첩 시인선 063

서안나 시집

여우난골

| 시인의 말 |

무언가를 오랫동안 하다 보면 어떤 결기 같은 게 생긴다
시를 쓸 때 늘 초심을 지니리라

시는 익숙한 세계에 낯선 목소리의 진동을 선사하는 것
나의 시는 나와 부딪친 모든 사물의 피를 마시고 태어났다

2022년 9월
서안나

| 차 례 |

2부

3부

4부

1부

손톱의 서정

손톱은 내가 처음 버린 영혼
손톱은 영혼이
타원형이다

손톱은
죽어서 산다
끊임없이 나를 밀어낸다

손톱을 오래 들여다보면
나무뿌리가 뻗어 나오고
진흙으로 두 눈을 바른 아이가
더러운 귀를 씻고 있다

손톱을 깎으면
죽은 기차들이 나를 통과해 가고
늙은 쥐가 손톱을 먹고 있다

늘 바깥인

손톱의 밤은
얼마나 캄캄한가
사랑은 개연성 따위는 필요 없다

멀리 날아간 손톱은
가끔 얼굴이 되기도 한다

분홍의 서사

분홍 속엔 분홍이 없다

흰색이 멀리 뻗은 손과
빨강이 내민 손

나와 당신이
정원에서
늙은 정원사처럼
차츰 눈이 어두워지는

사라지는 우리는

분홍

진폐(塵肺)

침이 달았다
바람이 불면 욕하고 싶었다

거울을 들여다보면 내가 지옥이다
창문을 열면 검은 얼굴이 환하게 빛났다
일찍 떠난 사람들은 읽을 수 없는 편지를 보내왔다

아버지가 내 이마를 만지면
내 꿈도 얼룩졌다
내가 볼 수 있는 슬픔만을 보리라
검은 손톱은 일종의 폐허였다

아이들이 썩은 이를 지붕 위에 던지면
썩은 이가 돋았다
기차가 들어서면 흑해의 소금 냄새가 났다
뒤를 돌아보면 갱도에 핀 꽃들이 썩고 있었다
창문을 닫아도 아버지는 이미 더러워져 있었다
산 사람 속에서 죽음을 끌어내고 있었다

교실 c관에서 수음하던 날
꿈속에서 죽은 여자가 내게 말했다
네 속의 빛나는 너를 보여다오
실뭉치 같은 여자가
꿈 밖으로 따라왔다 흑해 냄새가 났다

이 세계를 한 방에 쓰러뜨릴 수 있는가
모든 것은 각도의 문제였다
기침을 하면 검은 사람이 무더기로 쏟아졌다

명랑 용어 사전

개의 목줄을 놓아버리면 개는 새가 될까
여름에는 멍청한 벌레를 그릴 거야

플라스틱 돼지 저금통을 가르면
플라스틱 공간이 생겼다
용돈을 한꺼번에 써버리는 것
손톱을 물어뜯는 것
고쳐야 할 습관이었다
나 대신 반성하는 꽃을 그렸다
가위 바위 보를 하면
패배하는 청소년이 생겼다
숨거나 은밀해지는 순간이었다
오징어를 씹으면
턱이 서양 배우처럼 단단해졌다
외국 배우의 사진을 오려 벽에 붙였다
나는 코가 너무 낮았다
비틀스의 렛잇비에선 죽은 향나무 냄새가 났다
청소년은 쑥쑥 자라야 했다

나는 실패하는 법을 알았다
생일이었다

새를 심었습니다

새를 받았지요 택배로, 뿌리에 흙이 묻어 있었어요.

은행과 김밥천국과 데빌 피시방을 지나 도착한 새입니다.
새가 아니라고 말해도 새입니다.

설명서를 읽었죠.
새, 이것은 명사, 유목형입니다.
잘 깨지는 것, 씨앗이 단단한 것, 비정규직 냄새가 나는 것,

갓 배달된 1년생 새를 심었어요. 무채색의 새는 눈이 어둡습니다. 검은 것들은 어둠을 치는 기분입니다. 새는 나쁜 계절 쪽으로 한 뼘씩 자라고, 종이 인형처럼 잘 찢어집니다. 고독한 비행의 예감 같은 것이 따라왔습니다.

새를 심었지요. 오렌지 맛이 나는 새를요. 새는 시들다 화들짝 살아납니다. 새를 오래 들여다보면 새싹 같은

乙을 닮았습니다.

일주일에 물을 두 번 주었지요. 새의 눈동자가 조금 썩었어요. 얼굴을 매일 떨어뜨립니다. 새의 그늘이 깊어집니다. 실직의 징조입니다.

새를 두드리면 상자와 고양이와 단추와 감정노동자가 있습니다.

나는 살아야겠다라고, 자기소개서의 내용을 수정합니다.

乙은 당신을 지우고 내가 사는 저녁의 영광입니다. 동맹과 배반의 테이블에서 태어납니다. 내일은 새의 날개가 펼쳐지는 개화기입니다.

빨리 죽는 것들은 오래 삽니다. 유목의 계절입니다.

모래의 시간

이것은 몰락의 서두입니다

잠시 모래가 되겠습니다

모래 의자에 앉아 모래 모자를 쓰고 모래 연필로 모래의 시를 쓰겠습니다

모래를 움켜쥐면 나만 남습니다 아름다운 배반입니다 무너지는 유령입니다 부서져 시작됩니다

모래는 혼자 남는 노래입니다 모래를 만지면 부서진 마음이 따뜻합니다
지워도 남습니다
지워도 남는 것은 운명이라 생각하십시오 한 생이 아픕니다

당신이 무너져 모래가 되고 모래가 무너져 공터가 되는 이치입니다

지워지는 상심은 아름답습니다 모래는 나를 붙잡는 손입니다 전생에 가깝습니다 모래의 고요가 활활 타오르는 저녁입니다

모래 의자에 앉아 모래 가면을 쓰고 모래 수첩에 모래의 시를 적습니다

죽은 자들이 손을 내밉니다

모래가 다시 펼쳐집니다

보라에 대하여

주먹을 쥐면
어떤 다짐을 하게 된다

붙잡을 수 없는 결의만 남는다
주먹을 펴면

보라는 주먹을 펼친 색
본드를 부는 창백한 아이처럼
별이 빠져나간 얼굴에
불을 붙이는

슬플 때 당신은 당신에게 가장 가깝다
슬픔은 모든 것을
제자리로 돌려놓을 것이다

보라는
영혼이 스쳐 지나간 색
보라라고 쓰면

흐를 유자 같은 울음소리 들린다

어떤 영혼은 보라에서 펼쳐진다
보라는
깊은 저녁을 찢은
녹슨 눈

입술을 스스로 지우는
이교도의 피처럼
고요한
보라와 보라 사이

저녁의 양치식물

커다란 모자를 쓰고
양치식물을 심어볼까요
양치식물을 심는 저녁은 날카롭습니다

양치식물은 고생대부터 나를 따라온 식물
양치식물이 어둠을 뜯어먹습니다
당신의 조상도 만났을 겁니다
물을 주면 일각고래 무리가 몰려옵니다
당신의 영혼을 가둔 빙하도 떠오릅니다

오랫동안 식물을 바라보면
나는 인간을 이해할 수 있을까요
공벌레가 아픈 저녁을 숨깁니다

당신과 나는
검은 단도를 삼키고
긴 나이테를 걸어
머리 가슴 배를 함께 나누어 가진 사람

당신은 전생을 몇 번이나 다녀온 뱀고사리인가요

우리는 식물성 마아가린처럼
자꾸 미끄러집니다

나는 곤충처럼 머리 가슴 배로 나뉩니다

오늘의 사과

영혼에는 풀 한 포기 없으니

오늘의 사과는 흐리고 한때 비

나는 사과의 감정 속에 앉아 있다
세상의 모든 셔츠와 모자를 쓰고

사과를 열면
집안싸움처럼 비가 내린다
계단이 없고 비상구가 없고 우산이 없고
커튼이 있다
사과는 바깥을 자주 감춘다

화요일에는 가족들과 시든 사과를 먹었다
사과를 먹으면 친절한 혈통이 된다
사과는 감정에 가까워 새벽에 잘 깨어난다

새벽에 어머니가

사과처럼 앉아 있다
몰려나온 사과의 표정
손과 발이 없는 것들은 아름답구나

문장은
누군가를 용서할 때 붉어진다

용서하면 사과 맛이 났다

나는 나를
겨우 사랑하게 되었으므로

오늘의 사과는 흐리고 한때 비

소년들의 세계사

죽은 바다를 주웠다
우리들의 낙원에는 처음부터 뱀이 살았다

아비의 피에서 살과 뼈와 머리터럭을 꺼내었다
나는 찢겨진 밤의 아들
거짓처럼 태어난다
내 손은 죄의 빛깔
그대를 만지면 그대가 검어진다
색의 기원을 묻지 마라

고래처럼 질주했다
손목을 그으면 은단처럼 환해졌다
짧은 치마가 입고 싶었다, 어머니가 울었다
꽃무늬 팬티를 입고 돌아누우면
나의 여자가 종이꽃처럼 핀다
거짓말에 대해 오래 생각했다
이렇게는 살지 말자고 이를 닦으며 중얼거렸다
아버지와 어머니는 싸워 울음이 된다

사람이 울면 실밥이 만져진다 피가 식지 않는다
나는 피가 흐르는 유령
한 손으로 덮을 수 없는 감정

아는가
나는 나를 안고 울다 가는 이름
나는 원래 없었다
나는 내가 어렵다

나비의 밀도

나비를 펼치면 헛꿈이다
꽃의 고요를 훔친 자
귀인(貴人)은 그렇게 온다

돌사자를 어깨에 이고 이마에 두 눈을 그려
가시밭길을 뒹굴고 여린 것을 이끌고 병들고 쇠잔한 늙은이를 부축하고

회심곡을 부르면 쟁쟁 바라 소리가 나며 아픈 곳에 물병을 부어주며

돌 속에 두 다리를 묻은 용두관음
두 눈을 부처처럼 내리깔고
돌사자를 타고 불의 필체로 꽃을 채우는

나비는 모서리가 많다
나비는 한 번 죽은 마음

첫사랑 1

나는 자주 빛났다

내 심장에
이빨 자국이 나 있다

벽지 무늬 속에서
검은 짐승들이 뛰쳐나온다

커다란 쇠망치를 들고
내 눈 속의 짐승을
차례로 내려쳤다

춥고 따스했다
한쪽엔 빙하가 가득했다

12마리의 개들이 사시사철 짖었다

동백 전언

슈베르트의 겨울나그네를 들었다
오후 내내 폭설이었다
집에서 앞 머리카락을 잘랐다
이마의 흉터가 선명했다

어릴 적 담장에 핀 동백을 따다
커다란 돌이 내 이마에 떨어졌다

흰 눈에 떨어진 선혈이
느리게 꽃을 읽어 내려갔다
읽을 수 없는 것들이 다 보였다
나는 꽃의 끝이었다

동백을 보면
오줌이 마려웠다
첫 생리를 시작한 날도 동백이 피었다
숲을 더럽히고 싶었다
아플 때마다 꽃이 피었다

동백이 피면 꿈속에서
열 개의 손톱이 다 부러졌다
손톱에 진흙 동백이 피었다

종이 인형을 오리는 습관이 생겼다
빨리 죽는 것들에 대하여 오래 생각했다
인간의 죄는 손에 다 모여 있다
죄가 묻은 동백은 밤에도 검다

이번 생은 내가 만든 산이라
혼자 넘어야 한다
무릎을 안으면 진흙이 묻어 있었다

이제 모든 것들이 흙으로 돌아가는 계절
뒤돌아보지 않았다

소년들

오늘 밤은
다친 감정의 방향이다

그대가 얼굴이 긴 것은
그대 안의 짐승 때문이다

심장 속에 펄럭이는
혁명의 깃발
붉다
누가 검은 짐승을 풀어두고 갔나

그대를
일곱 번 묶겠다

몸 안의 칼을 뽑아
녹슨 짐승의 배를 가르면
아픈 떠돌이별이 뜬다

슬픔은 개인적이라
가끔 투명하다

소년들의 세계사 2

취한 손으로 천 마리 새를 쓰다듬었다
새를 만지면 온몸이 가려웠다
휘파람을 불면 뱀을 닮은 소녀들이 왔다
우리는 뼈에서 태어났다
1교시가 제일 힘들었다
내 이름을 한자로 쓰면 용서받는 감정이 된다
겨울이었다
애인의 장점을 수첩에 적어보았다
못된 애들은 매력적이다
고백을 하면 내 안의 아버지가 조금씩 녹았다
추운 것을 죄라고 적었다
울고 있을 때 심장이 따뜻해진다
흙으로 이루어진 인간들은 흩어져 번성할 것이며
슬픔은 보이는 것보다 더 가까이에 있다
나는 병든 지구에 적합하다
삶이란 가장 높이 나는 새가
제 몸속으로 추락하는 것
우리는 사라져서 무섭다

간절기에는 부를 노래가 마땅치 않다
2교시는 나무를 버릴 차례다

소년들의 세계사 3

이름을 부르면 이상한 냄새가 난다
혁명이 끝나고 무산자(無産者)들은 소년으로 되돌아간다
기이한 감정, 기이한 노래, 기이한 주술
도시의 모든 소년은 예언이다

소년을 쓰다듬으면
실패한 쪽으로 머리가 자란다
금속성이다
털이 많다 붉다
뜨거운 쇳물로 두 눈이 가득 차 있다

가끔 한밤중에 깨어 부스럭거린다
너무 많은 꽃을 보아버린 눈
너무 많은 꿈을 불사른 귀
익사한 물짐승의 울음소리가 새어 나온다

소년을 그리고 난 후 당신은

어제의 인간이 아니다
12시가 되면 소년들이 태어난다

빛난다,
소년은

반 고흐

젖은 침대 속으로 뱀들이 지나간다
생레미 정원의 해바라기가
개처럼 짖는다, 새가 외국어로
울고 간다

사물들은 무례하고 심술궂었다
발작을 하면 허파에서
미친 개구리들이 튀어나온다
팔이 긴 인도원숭이가 창문을 삼킨다

테오에게 편지를 쓸 때
사람의 말을 하는 까마귀가 찾아왔다
고백할 것이 많아 오후가 무서웠다
감정이란 처음부터 상처였다

아몬드 꽃이 피면
젊어서 죽은 여자가 걸어 나왔다
아침마다 귀가 멀었다

그림자는 소음이다
등 뒤에 개구리들이 우글거렸다

2부

첫사랑 2

울고 있으면 따뜻해진다
아무 말도 하지 않았다
누군가 흐린 발소리로 나를 다녀간다

불의 검은 뼈를 뽑아
나의 영혼을 꺾어 버렸다
심야버스가 지나간다
상처가 보였다

뒤돌아보면
처음이란
언제나 캄캄하다

꽃이 피면 나는 꽃을 보내지 않겠다
이것은 결심에 가깝다

단순한 것을
첫눈이라 부르게 되었다

백 톤의 질문

뒤돌아보면
가을이었다
소주가 달았다
내가 버린 구름들
생강나무 꽃처럼 눈이 매웠다

고백이란
심장 근처에 불이 켜지는 것
그렇게 인간의 저녁이 온다

불탄 씨앗 같은 나를
흙 속에 파묻던 밤
죄 많은 손을 씻으면
거품 속으로 사라지는 두 손

어떤 생(生)은 어떤 눈빛으로
커튼을 닫고 밥을 먹고 비탄을 물리치나

깨진 중국 인형의 눈동자 속에서
울고 싶은 자들이 운다
죽은 꽃이 죽은 꽃을 밀고 나오는
사라지는 밤이었다

돌아누우면
물결이던
애월

파(波)

그리울 테면 그리워보아라
뱀을 죽이면 비가 온다

누군가 나에게
현무와 주작을 아느냐고 말했다
물 수자를 쓰면
해변이 부서진다

저녁의 해변은 남은 사람의 것
나는 물결에 잡힌 사람

아버지 49제 날
나는 손가락을 베었다
붉은 별이 몇 개 떴다

아버지가 핏방울처럼 번져간다
몸에 별을 가두고
입술을 꼭 다물고 느리게 빛났다

아버지는 어디쯤에서 뒤돌아보실까

우리는 정녕 아름다웠던가
물에 발을 담그면
운명이란 바다를 다 가졌다는 것이다
더 춥고 싶었다
그리움은 물결치는 것이므로

앨리스의 사물들

3분에서 5분 동안 당신은 고장 날 것입니다
고장 난 세계는 충분히 아름답지요

커피를 마시면 3분 뒤에 나는 커피 마신 사람이 된다
몸을 기울이면 빈 곳이 생긴다
식은 감정에 물을 주면 얼굴이 고장 났다
결핍은 결핍을 사랑할 수 있을까
헬멧을 쓰면 우주에 온 것 같다
고음으로 노래를 부르면 개인은 비범해진다

일기장에 미친 토끼들이 뛰어온다고 적었다
강물 속에서 누군가 우리를 부르고 있다
어머니 우리를 불쌍히 여기소서라는 노래가 흘러나오는 오후였다

감정이란 감정 따위를 손톱으로 눌러 죽이는 것
그가 말했을까 내가 고개를 끄덕였을까

나는 여러 개이므로 여러 번 부끄러워진다
오늘 저녁은 내 얼굴에서 달아날 것이다
이,별에도 봄이 온다라고 누군가 안부 문자를 보내왔다
몸을 기울이면 빈 곳이 생긴다, 손가락이 끈적거렸다

먼지 인간

나는 늙어졌다 젊어진다
누군가 새벽을 끌고 가고 있다

혼자라는 건
죄가 아니다
내가 나에게 도착했다는 것
누군가 앉았던 자리를 닦으면
먼지가 묻어 있다

나는 오래전부터
먼지의 발로 유랑했다
고통은 왜 고체인가
입술을 깨물면 아픈 저녁이 탄생한다

눈썹 짙게 그리고
먼지라고 발음하면
새벽의 질문은 거짓말인지도 몰라
두 사람이 함께 울면 퇴적된다

누군가 삶은 아무것도 아니라고 말하지만
나는 무언가 있을 거라고 중얼거렸다

세계는 은밀하고 아름다우며
새를 흔들면 지층이 만져졌다
친절한 영혼은 먼지 냄새가 난다
없는 손목이 내 얼굴을 만졌다

자욱하다
나는
나에게 운반되는 중이다

피아노

건반을 누르면
아픈 쪽부터 어른이 됩니다

고통에는 모두 주인이 있습니다
피가 되는 것들은 아늑합니다

나는 타악입니다
부딪혀서 아름답습니다
고통을 노래하는 방식입니다

소리는 대지의 끝으로 번져갑니다
소리의 표정을 본 적이 있습니다
건반을 누르면 피로 다녀가는 사람이 있습니다
맨발로 물가를 걸으면 알 수 있습니다
쓸모없는 것들의 아름다움을
안녕 손을 흔들며
흘러가는 것들의 이름을 하나씩 불러봅니다

피아노 건반을 누르면
나의 목소리는 어디에 있을까요
우리는 처음부터 없었는지도 모릅니다
바람이 불어서 나는 깊습니다
우리는 우리가 될 수 있을까요

피아노는 저 많은 곡조를 다 껴안으려
다리만 남았습니다

바람 불면 나는 미와 레 사이에 있습니다
반음으로 찾아오는 것들이 있습니다
썩는 것들과 흩어지는 것들의 계명을 생각합니다
나이면서 너인
반음의 계절

나는 낮은 도쯤에서 희미하게 서러워질 것입니다

도서관 활용법

가능하면 고요해지는 것입니다
나는 책의 밖입니다

책장에서 죽은 나방을 보았습니다
도서관이 가벼워졌습니다

귀퉁이를 접으면 감정이 남습니다
백 년 전에 두고 온 감정이 접혀 있습니다
죽음도 접을 수 있다면
당신은 죽음의 주인이 될 수 있습니다
눈빛으로 영국에 다녀올 수도 있습니다

어떤 질문은 한참 읽어도 확신이 없습니다
슬픔이 무엇인지 알게 됩니다

우리는 분류됩니다
포유류입니다 명사입니다
안녕 하는 두 개의 흰 손을 지니고 있습니다

그렇게 믿음은 쉽게 나누어집니다

서가는 뱀눈처럼 아름답습니다
책을 읽으면 아홉 개의 기분이 됩니다

내가 슬픔이라 말하면
슬픈 것이 되는 것
그런 것

두 개의 흰 손으로
깊어지는 것

애월 1

아버지 돌아가시고
넓은 집에
혼자 남은 어머니와
늙은 딸이
찬밥에 물을 말아
늦은 점심을
먹는다

정원 잔디밭에
잡풀이 귀신처럼
달려와 자라고

어머니는
오래된 집처럼
천천히
눈과 귀가 멀어간다

어디선가

야생 곰취 냄새가 난다
안방 낡은
화장대 위에

폐가 아픈
나무 원앙

피가 돌아
교교교교 운다

애월 2

내 늑골에 사는 머리 검은 짐승을 버렸다
애월이라 부르면 밤에 갇힌다
검정은 물에 잘 녹는다

맨발로 돌 속의 꽃을 꺾었다
흰 소와 만근의 나무 물고기가 따라왔다

백사장에 얼굴을 그리면
물로 쓰는 전언은
천 개의 밤을 끌고 온다
귀에서 천둥이 쏟아진다

시집에 끼워둔 애월은 눈이 검다
수평선에서 밤까지 밑줄을 그어본다
검정은 물에 잘 녹는다
검정은 어디쯤에서 상심을 찢고 태어나나
나는 밤을 오해한다

나는 오늘부터 저녁이다

애월 24

당신이 가장 아름다울 때
달이 뜬다, 애월에선
물이 깊어 떠난 마음을 잡아당길 수도 있겠다

밥 먹으러 집으로 돌아가는 아이들
죽어가는 개의 눈빛
덜 마른 빨래
해변을 걸으면 누군가 두고 간
사랑이 식은 발자국들

달 속에 발자국이 찍혀 있다
불빛 몇 개 거느려
들개처럼 휘돌아다니리

새벽 비가
파도에 쓸려 온 물고기 뼈를
조금씩 부수고 있다
찬술 석 잔에 소년들은

지혜로운 노인으로 늙어간다
소년들아 빨리 자라지 않아도 좋다

감은 눈을 다시 감으면
나와 너를 겹치면
서로 병든 얼굴을 꺼내는
포란의 계절이었다

꿈에서 흰 뼛조각 같은
어린아이의 썩은 이빨을 보았다
헌것은 가고 새것은 돌아오라
삼승할망 어른이 살오를 꽃을 들고
내 어깨를 세 번 내리쳤다

각(覺)이었다

애월 29

죽간을 쓰고 진흙으로 봉하는 밤이면
애월로 애월로 돌아오는 파도들
쓸모없는 노력들
붙잡을 수 없는 것들
피 묻은 눈과 코를 들고
어두워지는 저 바다는
애초에 이름이 없었다

물양귀비는 해마다 꽃을 피우고
새 피가 돈다
한밤에 천리를 가는 등대 불빛은 고요에 가깝다
검은 먹으로 둥글게 휘어지는
애월이라는 필체

저 파도 속을 달려가는
만 마리의 말들은 언제 다 썩을 것인가
무량한 달빛은 언제 사람으로 우뚝 일어서는가

절벽에서 창백한 손과 발바닥으로
일어서는 진흙 사람들
터진 눈으로 고요에서 얼마나 달아났느냐

사람의 형상으로 동물의 형상으로
흐려지는 영혼
나의 하루는 지상의 겨울보다 쉽게 저물어
달빛이 아팠다
내 탓이 아니었다

사과

감정은
입구가 좁고 가늘었다

과실주를 흔들면
나는
색이 흩어지는 사람
잠시 붉어진 얼굴이 다녀간다

사과에서 사과를 빼앗고
빨강에서 빨강을 빼앗고
사과는 쉽게 죽지 않으며
흙과 물의 계절로 돌아간다

어릴 적 욕조에서 숨을 참으면
아픈 얼굴이 보였다
사과처럼 붉었다
병 속엔 폭설의 들판이 가끔 잠긴다
낡은 외투를 걸치고

병든 들판을 다녀가는 사람

나는 당신의 고통에
얼마만큼 다가갈 수 있는지
입에 신맛이 고이던
검은 늪이 깊어지던

병과 함께 다정해지는
위악의 계절

오늘 밤은 사과가 깊다

애월 30

돌 속에 종일 누워 있었다 돌 속으로 늦은 서설이 내린다 지친 어깨와 맨발로 기어가 녹슨 짐승이 되리 누군가 흐린 발소리로 돌 속을 걷고 있다

어제는 다리를 다친 노루가 돌 속으로 걸어 들어와 편백나무 아래서 상처를 핥았다 눈밭에 남은 짐승의 상처 쪽으로 이계(異系)의 저녁이 몰려왔다 노루가 끌고 온 저녁 잔별들이 귤꽃처럼 흔들린다

흰 얼굴로 돌 속에 앉아 돌 해금을 켠다 해금이 노루 소리로 운다 시계 반대 방향으로 그림자가 부풀었다 검은 감정으로 나아가는 애월 피도 없이 살이 오르는

애월 32

극락사 저녁 예불 올린 처사가 길을 잃었나
연화정에 술 취해 쓰러진 사내
와불처럼 팔 베고 누워 열흘 붉은 꽃을 따라간다

물은 어떤 마음으로 죽은 꽃을 안고 우는가 물이 물을 안고 운다

연꽃 진 자리에 들새가 꾸룩거리며 내려앉는다

부처가 일곱 개의 꽃으로 물 위를 세 번 내려친다

취한 마하가섭이여 병 깊은 간과 폐를 씻고
당신에게서 어디까지 달아났는가
가섭은 물에서 걸어서 온 사람
녹색 손톱으로 연못을 가르고
팔목에 연꽃 문신을 새긴

깊어지는 사과

사과가 익는 저녁은 수상하다

익는다는 말은
사과의 의지
나무를 떠나겠다는
사과의 표정

사과를 깎으면
나무의 첫 마음 소리가 난다

파리넬리의 울게 하소서를 듣는 오후
떠나는 것들은 왜 모두 손목이 젖어 있을까
남근을 자르고
신의 목소리로 노래한 자는
육체를 버리고 영혼으로 돌아갔다

사과를 한 입 베어 물면
나무를 버린 꽃의 손목이 있다

두 귀에 푸른 뱀을 걸고
안녕
머리카락을 뽑고 캄캄해진다

잘 익은 사과를 먹으면
첫 생각을 지키는 사람이 된다

나는 뱀을 삼키고 태어났으므로
어머니를 삼키고 태어났으므로

애월 34

흙에 물을 개면 불타는 진흙 얼굴이 떠올랐다 얼굴은 여러 번 읽어도 낡지 않는다 황금빛 밤의 끝에서 멈춘다 뒤돌아보면 나를 따라온 병든 사내가 이끼처럼 물가에 앉아 있다

모래를 파면 누군가 버리고 간 녹슨 얼굴
당신이 가짜라면 당신을 베어버리겠다

얼굴 흰 관음보살의 꿈을 꾸었다 관음은 먼 길을 다친 개처럼 걸었을 것이다 얼굴을 만나면 얼굴을 지웠다 얼굴에 새겨진 흙의 각인을 지웠다 이번 생은 쓸모없어 아름답고 현묘하다

애월하고 부르면 칼날 같은 짐승 몇 마리 걸어 나온다 아픈 것은 기도가 되지 못한다 피는 틀린 적이 없다

새와 첫눈으로 부딪치는 애월 일기는 늘 수치심으로 가득하다 혼자여도 좋다 나는

3부

슬픔의 좌표

압정처럼 박힌
흰 꽃

누가 꼽았을까

물소리가 난다
뼈가 다 보인다, 끝에
독이 묻어 있다

올여름
다시 피었다
번쩍이는 발목을 들고

쇠칼로 베어내도
칼 속에서
번쩍거리는
흰 꽃

웃는 돼지

죽음이 웃는다

돼지는 죽으려고 태어난다
웃는 돼지머리가 더 비싸다

귀를 베어 먹어도 웃는다
코를 먹어도 웃는다
272kcal로 웃는다

사람의 입속에서 웃는다
창자 속에서 웃는다
똥 속에서 웃는다
흙 속에서 웃는다
돼지 속에서 웃는다
고사상 위에서 웃는다
사라진 몸뚱이들이 몰려와 웃는다
물컹거리며 웃는다

돼지는 식물성이다
웃으면 귀가 풀잎처럼 자란다
평생 비굴함을 다 받아냈을 귀
치욕을 받들었을 머리
뼈도 아니고 살도 아니다
치욕을 구부려 웃는다
펄펄 끓으며 웃는다
식칼처럼 웃는다

침대 시위

—Bed-in For Peace

나는 좋다
존 레넌과
오노 요코가
침대에 함께 있는 사진이

1969년 3월 25일
영국이 베트남전에
참전하려고 했을 때
비틀즈는 영국 정부에 훈장을 반납했다

존 레넌과 요코는
암스테르담 힐튼호텔 침대에서
베트남 전쟁을 반대하는
평화 시위를 했다
신혼여행 중이었다

기자들의 날카로운 펜촉도
피스톨처럼 터지는 카메라 플래시도

침대의 깨끗한 햇볕과
평화를 지울 수는 없었다

평화란

침대 위에 나란히 앉아
세끼를 느리게 먹는 것

오후의 사물 연습

나는 루저입니다
있지만 없습니다
나의 뒤편은 사물입니다
사물과 자주 부딪힙니다
뒤로 걸으면 사물은 닫힙니다

*

개처럼 계속 짖기
돌멩이처럼 계속 멈춰 있기

*

눈을 감으면 나는 계속 인형입니다

*

사람과 부딪혀 외부가 생깁니다

오후의 사물 연습은
어딘가에 도착하지 않는 것입니다
사물은 도착하지 못하는 여행입니다

*

지구를 끌고 다닌 적이 있지요
설탕을 먹으면 보라색을 칠하고 싶었지요
걸을수록 가난해졌고
만날수록 절실합니다

*

나는 가끔 뭉클합니다
종이 코끼리처럼 버려집니다
반성문을 쓰지는 않겠습니다

*

나는 나를 떠날 겁니다
감기약처럼 혼몽하게 도시를 떠돕니다
버려진 화단에
고요하게 사물처럼 앉아 있기도 합니다

*

사물은
왼쪽 뺨을 때리면
오른쪽 뺨을 내밀지 않습니다
신의 영역이 아닙니다
이미 신입니다
당신과 나의 침묵을 감당할 수 있습니다

*

사물은 쉽게 썩지 않으며

쉽게 죽지 않으며
쉽게 분노하지 않으며
아랫도리로 아이를 낳지 않으며
성기를 지니고 있지 않으며
열면 열리고
닫으면 닫히고
용서를 구하면 용서하며

통조림

당신은 사천왕입니다
당신은 서서 죽은 자입니다
스스로 머리를 죽여 불멸을 얻은 자입니다

당신의 고백은 상했습니까
고백은 가격으로 책정될 수 있습니까

당신은 비었습니까
가득 찼습니까
가득 차서 문제입니까

당신은 죽은 것들의 목록입니까
당신 속에서
당신이 계속 죽는 계절입니까

책 속에서 죽은 나무가 계속 죽습니다
죽은 물고기 속에서 죽은 물고기가 다시 죽습니다
당신은 죽은 나무와 죽은 물고기와

죽은 과일들의 증거입니까

그래서 당신은 감정입니까
관리 대상입니까

당신을 열면
당신은 왜 미끄럽고 냄새가 납니까
깁니다 으깨어집니다 넓습니다 땅속입니다 물속입니다
당신이 당신의 머리를 먹어치우고
되돌아오는 기술입니다
당신은 당신이 맞습니까

진공은 얼마나 아름다운 적멸입니까

새벽 4시까지 나는

갈비뼈가 아프면 자랑스러워
혀를 깨물면 열쇠가 들어 있어

먼지란 발음이 가장 아름다웠어
심야의 편의점에서 만난 여자애가
말할 때마다 담배 냄새가 났어

적은 용서받기 위해 태어나고
삶이 그대를 속인다면 속는 사람이 되자
그래서 고체들은 외롭지

목포에서 한 달만 살까
대학 동창들은 부지런하고
책을 들고 다니면
난 무언가 될 수 있을까

앞머리를 길게 기를 거야
타인에게 관심을 가질 수 있어

아무것도 하지 않으면
아무것도 실패하지 않아

새벽 4시까지 나는 비물질이야
우리는 다시 발생할 거야

궁민교육헌장

우리는 민족중흥의 역사적 사명을 띠고 이 땅에 태어나고 싶지 않았다
조상의 빛난 얼을 되살리고 싶지도 않았다
국민교육헌장을 외던 국민학교는 국민만 남아 있었다
개근상을 받기 위하여
국민이 되기 위해
우리는 수많은 항목을 암기해야 했다
학교 운동장의 돌을 골라내고 잔디밭을 가꿨으며
폐휴지를 가져갔으며 운동장에 모여 국민체조를 했으며
배고픈 궁민(窮民)으로 탄생했다

노력한다고 달라지는 것도 없었다
우리는 윤리적인 동물로 퇴화했고
가난하게 사는 법을 배웠다
윤리나 도덕을 몰라도 꽃들은 절기에 맞춰 피었고
금요일엔 게으르고 싶었지만 그것도 죄가 되었다
오랫동안 장기 집권했던 대통령의 죽음과
군인들이 나라를 찬탈하고 계엄령과 혁명과 청춘의 죽

음을 지켜보았다
약한 것들은 다쳤고 강한 것들은 더욱 강해졌다
법을 준수하고 규칙을 열심히 따랐으며
성실한 마음과 튼튼한 몸으로 자기 계발에 힘썼으며
돈을 쪼개어 저축했고 잠을 줄이며 헝그리 정신으로
확실한 궁민이 되었다
자기 계발과 개발을 왜 해야 하는 거지
국민교육헌장은 가짜다

나는 다시 궁민교육헌장이라고 고쳐 쓴다
우리는 무조건 앞으로 나아가지 않을 것이며
멈추지도 않을 것이며
쓸모없는 무언가를 할 것이며
느리게 느리게 아름다워질 것이며
자꾸 뒤를 돌아보며 앞으로 나아가지 않을 것이며

우리는 민족중흥의 역사적 사명을 띠고
이 땅에 태어나고 싶지 않았다

생각하는 사물들

피아노가 부서졌다
미처 부르지 못한 노래가 쏟아졌다
피아노는 피아노라는 이름에서 달려나왔다
피아노는 피아노를 끊었다

도를 누르면 나무와 바람 소리가 났다
실패한 건반은 다정하다

학생들은 노래하고
선생님은 고장 난 피아노로 노래를 가르쳤다
교칙은 악보처럼 단단했다

성대를 수술한 애완견의 침묵처럼
음악실은 추웠다
아이들은
망가진 피아노 뒤에서
담배를 피우거나
입을 맞추곤 했다

피아노를 열면
썩은 알집에서
거미 새끼들이 까맣게 흩어졌다

실패한 건반은 다정하다

아를에서의 일기

그는 눈으로도 훔칠 수 없는
별을 두 점 그렸다

귀에서 강물 터지는 소리가 들린다
누가 세상에 무서운 질문을 던지는가
기적이란 무엇인가
죽은 나무를 어떻게 흔들어 깨울 것인가
이번 생은 죽기보다 살기가 더 어렵다
그래서 나는 허구다

실패란 어떤 색깔인가
고독이 가짜라면
고통이 고통을 구원할 것이다
그러니까 모든 것은 결심이다

별은 훔쳐도
별은 빛난다

강물 속에서 누군가 없는 얼굴을 내민다
무엇인가 막 완성된다

나는 물을 이렇게 고쳐 쓴다

나는 물을 이렇게 고쳐 쓴다
두 손을 씻으면
위로할 수 없는 손이 자란다
고통은 유일하다

나는 물을 이렇게 고쳐 쓴다
젖은 배를 끌고 황금의 도시로 가는 자들아
나의 인간과 당신의 인간은 무엇이 다른가

나는 물을 이렇게 고쳐 쓴다
울면 지는 것이다
홀로 남겨진 것은 우리다

나는 물을 이렇게 고쳐 쓴다
물속은 폭풍우와 풍랑이다
소년과 소녀는 물의 안쪽 높은 곳에서
비루한 지상을 위로한다

나는 물을 이렇게 고쳐 쓴다
인간은 인간을 용서하려는 방식이다

나는 물을 이렇게 고쳐 쓴다
물에 찔리고 물에 부딪히고 물의
이마에 이마를 맞댄
소년과 소녀들, 나는 한 잔의 물을 마신다
물에 젖은 눈과 손과 청춘을
물에 젖은 눈과 손과 청춘으로 닦아주마

나는 물을 이렇게 고쳐 쓴다
바다나 읽는 나는 무력한 배경이다
이 이야기는 끝나지 않는 견고한 악몽이다

진흙 연습

눈을 감으면
한 사람의 영혼과도
마주치지 않으며

내 안에
진흙 뼈와 진흙 감정이
고여 있지 않으며

진흙은 사람을 쉽게 버리며
진흙은 찰지고 고요하고
아름답지 않으며

비를 맞으면
내 몸에서
무너진 풍경이
다시 무너지지 않으며

나는 진흙 입술에서 태어나지 않았으므로

진흙 입술로 노래하지 않았으므로
진흙 입술은 배반을 만들지 않았으므로

진흙의 두 손을 버리지 않았으며
진흙 피가 쏟아지지 않았으며
진흙 심장이 금이 가지 않았으며
내 눈에서 짐승이 얼굴을 내밀지 않았으며

진흙 입술은
칼로 손목을 그은 자처럼
두 팔의 영혼이 되지 않으며

사막이 지나가지 않고
불타는 밤이 만져지지 않고
진흙이 진흙을 끌고 오지 않고

다 읽을 수 없는
진흙 얼굴은

새라는 통증

새는 내 눈에만 보이는 통증

누가 죽은 새를 내 머리 속에 넣었나
나는 늘 길을 잃었다

새에 집중하면
화요일은 죽은 사람의 기분
추한 자들도 슬픔 속에선 가인이 된다

새는 한 사람의 저녁에
느리게 도착하는 감정

새의 첫 장을 펼치면
다정의 뒷면
구겨도 펼쳐지는 새는
당신의 밤에 가깝다

이 빈약한 저녁은 어디서 오는지

새의 밤이 달려온다
그대와 나는 등을 맞대고 조금 다정하다
이젠 골목에 부딪히지 않아도 될까요
그러니 새를 생각하지 않겠습니다

새는 진흙에서 뱀을 꺼내는 마술
아직 죽지 못한 것들의 눈빛을 만지는 것

잘 살고 있다고
거짓말을 했다

프라하, 스타일

여행자는 이국적으로 밤을 발견합니다

잠시 나를 떠날게요, 프라하
불타는 성당과 여행용 흰 손을 들고, 프라하

여행은 거짓말처럼 사라지는 기술
내 눈동자 안의 국경을 열어보는 것

국경을 넘을 때면
이민자의 표정이 됩니다
여행자의 수첩에는 국경의 수칙과
가난한 아이들의 허기가 기록되어 있습니다

프라하, 불탄 성당 주변을 걸었습니다
여행객과 여행객이 만나 국경이 탄생합니다
오후 4시 30분
불탄 성당이 나를 뚫고 지나갑니다

불에 탄 영혼과
낮은 저녁과 사소한 용기들
검은 눈과 검은 손바닥으로 올리는
프라하의 불타는 젖은 기도
고백은 삐걱거리는 금속성에 가깝습니다

기도란 나의 흰 뼈를 뽑아
당신과 나의 국경을 허무는 일

프라하에서 프라하를 버립니다

엽서를 씁니다
프라하는 이별하기 좋은 성분
구름을 고독으로 번역합니다
모든 것들은 먼지에서 왔으니
나는 무엇인가 되지 않으려 합니다
까맣게 탄 두 발로
가고 싶은 곳까지 가볼 겁니다

여행자는 이국적으로 밤을 발견합니다

4부

불량사막

나는 사라지는 중입니다
당신은 이미 검정을 지나치고 있습니다
사라졌다고 사라졌다는 것을 증명해보세요
사막은 사막을 견뎌냅니다

당신을 뒤집으면 무너지는 대륙입니다 쓰러져서 쓰러지지 않는 나무입니다 흰색이 자주 생각났습니다 창문을 열면 눈에 모래를 담고 돌아가는 저녁의 사람들이 보입니다 어쩌자고 나는 아픈 것들만 바라보는 눈을 갖게 되었을까요

손을 버리고 당신에게 기대어 무정하게 젖습니다 아프다고 말하면 신중해보입니다 모래 속에서 새들이 모래의 문장으로 웁니다 당신이 사라져 우리가 힘껏 빛납니다

천천히 사라져도 됩니다 나를 지우니 당신은 오래도록 백발입니다 별까지는 얼마나 걸어가야 하는 걸까요 당신을 계산할 수 있나요 당신은 당신입니다

독쇼(Dog Show)

개가 열흘을 사람처럼 울었다
붉은 눈으로
먹이를 먹고
다시 월요일의 다정한 개로 돌아왔다

명품 개를 만들기 위해선
도베르만 핀셔는
전체 귀 길이의 반 이상을 자른다
슈나우저와 브뤼셀 그리폰은
귀의 반을 남긴다

윤기 나는 모피 한 벌을 위해
여우, 토끼, 밍크, 너구리는
숨이 끊어지기 전에
털을 벗긴다
명품 가죽은 가끔 피가 돈다

올해의 세계 최고 경영자는

직원의 반을 잘랐다

개의 발톱을 바짝 자르면 피가 난다
발톱을 짧게 자르면 혈관도 후퇴한다고
저명한 학자가 말했다

독쇼가 시작된다

마스크

얼굴은 실행하는 것이다
나의 세상은 눈동자만 남았지

턱을 지우고 코와 입술과
뺨을 지우면
마스크

내가 확장돼
마스크를 쓰면
세상의 상처가 다 보여

마스크는 나의 의지
모두 아픈데 모두 웃었어
의사가 말했지
실패가 가장 완벽한 치료법이라고

실패한 나를
마스크 속에 숨겨둘게

외부를 번역하면 바이러스 맛이 나

마스크 속에
내가 되고 싶은 내가 있어
미소가 부딪쳐
당신이 버린 얼굴이 부딪쳐

마스크는
나에게 집중하는
표정의 기술

나는 표정이 많아
나는 출구가 많아

아침의 방향

당신이 나를, 내가 당신을, 죽일 수도 있다 적과 동지는 쉽게 바뀌었다

독일의 수용소에서는 가스 냄새가 났고 인간은 물질이 되었다 일본의 왼쪽 밤은 폭파되었고 중국의 아침은 모택동의 집단 체조로 시작되었다 만주에서는 학살한 자들이 모자를 쓰고 학살당한 자들을 다시 죽였다

가방을 열면 반공주의자와 국경을 넘어온 서북청년들이 열변을 토했다 정치군인들이 탱크를 몰고 달려 나왔다 얼굴에 흰 칠을 한 사람들이 반공주의에 대하여 열변을 토했다 대통령은 망명했고 서북청년단은 신념에 차 있었다 혁명은 좌절되었고 새로운 군부도 다시 헌법을 고쳤다

죽은 이들은 있지만 죽인 자는 없었다 가방 속에서 제주와 여수와 순천과 광주의 벌판이 아프게 불탔다 아침이 되면 가방 속에서 죽은 자들이 실려 나왔고 새로운 국

경이 생겼다 늙은 개들은 더욱 치밀해졌다

미란다 원칙
—와병의 계절

당신은
불결한 전문가

당신은 살 수도 죽을 수도 없어
지상의 모든 고통이 당신의 침대에 머물 것이며
혀와 두 손과 두 발이 침대에 결박당할 것이며
피와 물과 공기를 제공받지 못할 수 있으며

당신은
당신 자신을 변호할 수 없으며
침묵의 힘으로
등에 강철 날개가 돋아
비린내가 나고 비천하여
협곡과 산맥과
빛나는 것들의 처음이 될 수도 있으니

당신은
나를

꽃으로
밀어냈으니,

아버지

진흙 나무

숲은 가끔 다정하다
나무는 내가 아는 사람인지도 모른다

진흙 얼굴을 쓰고 놀았다
내 입에서 씨앗들이 쏟아졌다
뿌리가 길어 나는 자주 넘어졌다
나무를 만지면 표정이 있다

흙 묻은 내 손바닥에
누군가 그려놓은 퍼져가는
숲의 지문

흙 맛이 났다
갈비뼈를 버린 사람이 앉아 있다
아플 때 나는 너다
통증을 사랑했다

죽은 나뭇가지를 던지면

짐승이 달려오는
진흙 나무 속에서
너는
크고
사납다

사월의 질문법

사월은 무엇입니까
물에 젖습니까
ㄱ과 ㄴ입니까
톱니바퀴입니까 익명성입니까
경찰입니까 질문입니까

3백 번 질문해도
인간을 이해할 수 없습니다

알약을 삼키면
왜 녹슨 철봉 맛이 날까요
사월에는 왜 꽃이 더 아름다운가요
씨발이라는 말이 자꾸 생각납니까

사월은
왜 검정 같은 것이 만져집니까
지울수록 빛이 됩니까
뭉클하고 끈적거립니까

불쑥
질문처럼
내 손을
움켜잡습니까

그늘의 질량

아홉 마리 용이 한 그루 꽃나무를 피운다는 대승원 귀룽나무

나무 그늘에 나무 한 그루가 다 들어 있다 그늘의 한쪽을 막으면 고요다

귀룽나무 백 년의 그늘을 다 밟은 점박이 고양이 한 마리 몸 안의 캄캄한 골목을 다 건넜다 분홍 발바닥 근처 상처 난 그늘을 핥는다

그늘을 열고 그늘을 굴리고 그늘을 논다

고양이를 쓰다듬으면 저승이 축축하다 고양이가 그늘을 몰고 다닌다 그늘마다 미지근한 꼬리가 길다

명부전 금강경을 머리에 얹은 염라대왕 이마까지 꽃잎이 다 번졌다 그늘은 머리와 꼬리가 분별이 없는 꽃 머리부터 꼬리까지 다 열렸다

효자동, 국경

골목을 돌면 국경이었다

나는 가끔 국가의 국민이었다

효자동에는 골목마다 효자들이 붐볐다 효자는 줄기가 연하여 대개 여러 해를 산다 전생에서 교지와 말라붙은 양물을 들고 새카맣게 날아온다 하나를 알려주면 둘을 잊었다 자두를 먹으면 향냄새가 난다 어떤 믿음은 환관처럼 은밀하다

창문을 반쯤 열어두고 사람들은 병든 얼굴로 어디를 갔나 죽은 자들은 밀서(密書)처럼 고요하다 낮에도 괴수가 출몰했다

골목이 질겼다 환관의 무리가 골목에서 검은 피리를 불었다 아이들이 초겨울의 음계로 노래를 부르며 사라진다

골목을 돌면 국경이었다

새를 깨닫다 2

관흉국 사람들은 가슴에 구멍이 나 있다. 존귀한 이는 옷을 벗고 비천한 것들로 하여금 대나무로 가슴을 꿰어 들고 다니게 한다.

—산해경

달걀을 놓쳤다
내가 깨트린 새의 얼굴
흰빛으로 가득 찬
어떤 뭉클함

새의 어둠 속으로 뛰어드는
부서진 새
그리하여 세상의 모서리가 흩어진다

아름답게 사라지기란 얼마나 힘든 것인가
물로 가득 찬 것들의 눈은
진흙 냄새가 난다
대화할 수 있다면
느린 화살나무여도 괜찮다
대화란 늘 아픈 것이라

기억 속의 사람들이 모두 아프다

너무 가깝지 않게
너무 멀지 않게
미학적 거리란
커다란 개의 이빨 자국처럼
차고 깊은 상처

기침을 하면
화살이 꽂힌 흰 새가 튀어나온다
심장 근처까지 다녀온 게 틀림없다

소년 A

나는 태양을 파기했다

불타는 두 날개를 펼치고
영혼의 긴 복도를
의심 없이 걸어가리라

소년이 시작된다

소년 B

질문이었다
다시 보면 불타는 상자였다
하루에 두 번씩 부끄러워했다
스스로 뺨을 때리는 유형이었다
앞은 액체였고
뒤돌아 갈 수 없었다

소년 B가 달리면
소년이 소년 속에서 부딪쳤다
배구선수처럼
두 손을 번쩍 들어
세계의 경멸과 부딪친 눈빛이었다
흰색은 그렇게 탄생한다

청소년

자막이 없다
가장 난폭한 계절

모든 물컵을 뒤집는 것
여왕 코끼리가 지나가는 밤 같은 것
뒤섞이는 것들

놀이터에 골목에 오락실에
피부병처럼 번져 있다
청춘을 격파하고
염소처럼 들판을 먹어치우며
소년은 소년을 필사적으로 견딘다

방랑이란 없는 두 발을 서럽게 만지는 것

소년들
어떤 공화국을 다녀온 것일까
탐정 냄새가 난다

함부로 열지 말라
사용하고 난
청소년은 제자리에 두어야 한다
초침 소리가 난다

방 탈출

고백하건데, 어머니

*

내 방은 불편한 천국입니다

*

어머니
나도 나와 겨루는 중이에요
방이 반복됩니다
방이 많아 방이 지칩니다

*

어머니
나는 침대 위의 보트피플입니다
다리가 잘린 유니콘입니다

실패한 개인입니다

어머니 나는

*

계속 실패한다면
계속 쓸모없어진다면
어머니

나는 당신에게 불편합니다
아버지에게 불편합니다
국가에 불편합니다
자연에 불편합니다
괴벨스가 방을 확보하고 있습니다

*

단순한 것이 가장 완벽하다는
애플 창업주의 말처럼
나는 단순하게 생각하려 합니다
이 방의 주인은 누구입니까

나는 채집되지 않을 겁니다

*

이번 생이 게임이라면
나는 저주의 방까지 다녀온 셈입니다
어머니

이 세계는 함정입니다
단정적으로 말할 수 있습니다

이제 루저들의 시간입니다

| 해설 |

육체의 비실감과 영혼의 실감

―새의 바깥으로, 사과의 안으로

육호수(시인·문학평론가)

문학이 세계에 참여(engagement)한다는 의미에서 정치적인 것이 아니라, 문학이 사물들에 다시 이름을 붙이고, 단어들과 사물들 사이의 틈을 만들고, 단어들과 정체성 사이의 틈을 만듦으로써 결국 탈정체화, 즉 주체화의 형태, 해방 가능성, 어떤 조건에서 벗어날 수 있는 가능성을 만들어내는 데 개입한다는 의미에서 정치적인 것입니다. 왜냐하면 조건이란 늘, 사물들을 어떤 단어들로 반드시 가리켜야 한다는 의무의 일종이니까요. 이 단어들 역시 어떤 형태의 동일시/정체화를 통해서 정의되고 말이지요.

―자크 랑시에르[1]

1) 자크 랑시에르 인터뷰, 「'문학성'에서 '문학의 정치'까지」에서 발췌, 『문학과 사회』 86호, 448p.

영혼이 태어나는 곳, 영혼이 버려지는 곳, 영혼이 돌아오는 곳

지금 이 해설을 읽고 있는 당신의 모습을 상상해본다. 시를 읽다 길을 잃었을지도, 해석되지 않는 시가 어려워 답지를 보는 기분으로 시집의 뒷면을 찾아왔을지 모르겠다. (시를 읽기 전에 이곳을 펼쳤다면, 부디 처음으로 돌아가시라.) 이 글에는 물론 이 시집에 대한 답이 없다. 시를 한 번에 명료하게 풀어낼 만한 만능열쇠는 존재하지 않고, 이 글은 온전한 해설이기보다는 읽을 수 있음과 읽을 수 없음에 대한 기록에 가깝다. 읽어냄과 읽어내지 않음에 대한 기록이고 의미화와 탈의미화 사이의 체험의 기록이다. 거창하게 말할 것 없이, 먼저 이 시집에 초대받아 다녀간 여행자의 수기 정도로 생각해주었으면 한다. 이 글을 읽다 언제든 서안나의 어떤 시가 다시 읽고 싶어진다면, 앞으로 돌아가시라. 그리고 다시 이곳을 펼치지 않아도 좋다. 먼저 첫 시 「손톱의 서정」부터 시작해보자.

손톱은 내가 처음 버린 영혼
손톱은 영혼이
타원형이다

손톱은
죽어서 산다

끊임없이 나를 밀어낸다

손톱을 오래 들여다보면
나무뿌리가 뻗어 나오고
진흙으로 두 눈을 바른 아이가
더러운 귀를 씻고 있다

손톱을 깎으면
죽은 기차들이 나를 통과해 가고
늙은 쥐가 손톱을 먹고 있다

늘 바깥인
손톱의 밤은
얼마나 캄캄한가
사랑은 개연성 따위는 필요 없다

멀리 날아간 손톱은
가끔 얼굴이 되기도 한다

―「손톱의 서정」 전문

'손톱'은 나로부터 자라나는 육체이다. 손톱은 이미 죽은 세포이지만, 식물과 같이 끊임없이 자라나 나의 말단이 되고, 결국엔 잘려 나의 바깥이 된다. 끊임없이 자라나고, 끊임없이 버려진다. 손톱을 들여다보며, 손톱을 깎으며 내게 찾아오는 몇 이미지들을 지나, 시인은 이 손톱의 영혼을, 나의 바깥의 영혼에 찾아오는 밤을 떠올리게 된다. 죽은 채로 자라나고, 결국 버려짐으로 나의 바깥이 되는 '영혼의 세계'와 육체적인 고통 없이 영혼이 잘려 나가는 '비실감의 세계'는 분리된다. '손톱의 서정'이라는 시의 제목을 곰곰이 생각해보면, 이 '서정'은 세계의 자아화라는 오랜 명제에 기인했기보다는, 오히려 이 서정을 다시 명명하려는 시도로 보인다. "멀리 날아간 손톱"이 얼굴이 되는 이 비현실적 상황에 빠져 있는(없는) "개연성"을 이어주는 "사랑"이 곧 서정이 되는 것이다. 어째서 "멀리 날아간 손톱"은 "가끔 얼굴이 되"어 시에 현현하는가? 단지 손톱의 영혼이 타원형이기 때문에? 나로부터 멀어졌기 때문에? 손톱이라는 기표가 얼굴이라는 기표로 대체되는 과정일까? 시라는 공간에서 기표(손톱)가 됨으로 영혼을 획득한 육체가 다른 기표(얼굴)로 자리바꿈함으로 화자에게 의미화되는 과정인가? 이곳에 해설의 구덩이가, 개연성의 구덩이가 있다. 이 구덩이 앞에 서서 오래 고민했다. 이 시집의 첫 해설자로서 나는, 그 구덩이를 해설할 수 없다. 해설을 통해 밝힐 수 있는 "캄캄함"이라면 그것은 시가 아니기 때문이다. 다만, 그 구덩이에 몸을 밀어 넣고 어둠을 체험하는 일이 한 권의 시집을 읽어가는 일이고 한 명의 시인을 알아가는 일이라고 말하고 싶다. 개연성이 필요 없는 이 필연의 세계에 서안나의 서정이 있다. 나로부터 "끊임없이 나를 밀어"내는 척력과 "멀리 날아"가 얼굴이라는 이미지로 내게 돌아오는 인력. 그곳에 서안나의 '서정적 필연'이 있다. 이 필연이 "죽어서 산다는" 역설, 육체의 비실감과 영혼의 실감이라는 역설을 가능하게 한다. 밀물과 썰물의 세계가 있고, 애월 바다가 있다. 끊임없이 몸을 바꾸며 "생각하는 사물들"(「생각하는 사물들」)과, 세계와 자아의 경계면에서 "채집되지 않"(「방 탈출」)는 미성년 화자들이 있다.

낯설게 보기가 아닌, 낯설게 하기가 아닌

서안나 시집 전반에서 되풀이되는 낯선 이미지들과 방향을 예측할 수 없는 연쇄에 대해 아직 풀리지 않는 의문을 가진 독자들도 있을 것이다. 그러나 이를 단지 자신의 이해의 영역으로 포섭하기 위해 재래의 시론인 포착을 위한 낯설게 보기나, 문학적 기법으로의 낯설게 하기로 파악한다면 서안나 시의 가장 귀한 부분이 휘발되고 만다. 이 낯섦과 돌발성에 대한 실마리로 나는 시집 전반에 걸쳐 등장하는 '새'를 제시하고 싶다. 아래 시에 나타난 시의 모습을 살펴보자.

개의 목줄을 놓아버리면 개는 새가 될까

여름에는 멍청한 벌레를 그릴 거야

—「명랑 용어 사전」 부분

취한 손으로 천 마리 새를 쓰다듬었다
새를 만지면 온몸이 가려웠다

—「소년들의 세계사 2」 부분

갓 배달된 1년생 새를 심었어요. 무채색의 새는 눈이 어둡습니다. 검은 것들은 어둠을 치는 기분입니다. 새는 나쁜 계절 쪽으로 한 뼘씩 자라고. 종이 인형처럼 잘 찢어집니다.

—「새를 심었습니다」 부분

젖은 침대 속으로 뱀들이 지나간다
생레미 정원의 해바라기가
개처럼 짖는다, 새가 외국어로
울고 간다

—「반 고흐」 부분

새는 내 눈에만 보이는 통증

누가 죽은 새를 내 머리 속에 넣었나
나는 늘 길을 잃었다

—「새라는 통증」 부분

달걀을 놓쳤다
내가 깨트린 새의 얼굴
흰빛으로 가득 찬
어떤 뭉클함

새의 어둠 속으로 뛰어드는
부서진 새
그리하여 세상의 모서리가 흩어진다

―「새를 깨닫다 2」 부분

이 새들은 무엇인가? 각각의 시에서 등장하는 새들은 같은 새인가? 날개가 있을까? 각각의 울음소리는 어떨까? 이 새를 '이미지'라고, 시의 '질료'라고, '시어', '대상', '주체'라고 말해보아도 충분치 않다. '감각', '관념', 혹은 '실체', '실체화된 관념', '관념화된 감각'이라고 말해보아도 역시 충분치 않다. '보조 관념'이나 '상징'이라고 말한다면 오답에 더욱 가까워지는 것 같다. 이것이 '새'이기 때문이다. 이 시집에서 새는 때론 쓰다듬을 수 있는 대상(「소년들의 세계사 2」)이기도 하고, 뿌리와 씨앗을 가진 식물(「새를 심었습니다」)이 되어 자라나기도 한다. "내게만 보이는 통증"의 이미지이기도 하고, 누군가에게 "도착하는 감정"이기도 하다. 새는 시적 화자의 외부가 아닌 내부에서 발견되기도 한다.(「새라는 통증」) 죽은 채로 내 머릿속에 있기도 하고(「새라는 통증」), 기침을 하면 내게서 튀어나오기도 한다.(「새를 깨닫다 2」) 각각의 시편에서조차, 행간에서조차 직전의 새가 지닌 속성과 의미를 벗어난다. 앞서 멀리 날아간 손톱이 얼굴이 되었듯 그 형태와 존재 방식을 바꾼다. 그러나 "새가 아니라고 말해도 새"가 되고 마는 이 새는 모양과 속성을 떠나 결국 새이다. 이 새는 어떤 시에서는 "비정규직" "감정노동자"의 불안으로부터 비롯된 것으로(「새를 심었습니다」) 읽을 수도, 미성년 화자들의 혼돈이나 쓰는 존재로서의 시인의 혼란의 표상이라고도 읽을 수 있겠으나, 본질적으로 이 새는 벗어남 그 자체, 날아가고 미끄러짐 자체라고 볼 수 있겠다. 자신의 존재로부터 낯설게 되기를 끊임없이 갱신하고 있는, 그럼으로 새가 되는 존재이다. 이 새를 자아가 외부를 낯설게 포착하여 언어낸 것이라거나, 낯설지 않은 것을 낯설게 한 것이라는 기성의 시론을 대입해서는 충분치 않다. 스스로 스스로에게서부터 낯설어지는 어떤 동력 그 자체로 보아야 한다. 새로부터 벗어날 때 새는 새로 회귀한다는 역설이 여러 시편을 통해 변주되어 나타난다. 그리하여 "새의 어둠 속으로 뛰어드는/부서진 새"는 세상의 모서리를 흩어지게 하는 동력이 된다. 분류와 배제의 논리를 통해 무언가를 규정함으로 만들어지는 세상의 모서리, 즉 경계는 세상의 중심과 주변을 나누고, 주체와 대상 (때론 시인과 언어… 언어와 시인인가?) 사이에는 위계가 생기게 된다. 그러나 이런 경계에 포착되지 않는 새는 이 모서리를 교란하는 존재이다. "구겨져도 펼쳐지는 새는" 세계의 모서리를 교란하며 깨어지고, 화살에 맞기도 한다. 구겨지고 깨어짐으로 언어를 회복한다. 이 새를 시인이라고 말해보아도 좋을 것이다. "도착하지 못하는 여행인" "앨리스의 사물"이나[2], '쓰기' 혹은 '기도'[3]라고 말해보아도 될 것이다. 때론 거짓말 같은 세계의 미달태인 "종이 인형", "종이 꽃", "종이 코끼리"처럼 보일 때도 있을 것이다. 그러나, 이 새가 마침내 이 종이마저 벗어나 이 시집을 읽은 당신에게 도달할지도. 도달하기를. 미달태로 도달하기를.

이처럼 언어의 제약에 저항하고자 하는 의지는 위에서와 같이 바깥으로 벗어남의 방향(척력)으로 뿐만 아니라, 동일성 속으로 재귀하는 방향(인력)으로 나타나기도 한다.

> 사과에서 사과를 빼앗고
> 빨강에서 빨강을 빼앗고
> 사과는 쉽게 죽지 않으며
> 흙과 물의 계절로 돌아간다
>
> —「사과」 부분

---

2) 오후의 사물 연습은/어딘가에 도착하지 않는 것입니다/사물은 도착하지 못하는 여행입니다(「오후의 사물 연습」)

3) 기도란 나의 흰 뼈를 뽑아/당신과 나의 국경을 허무는 일(「프라하, 스타일」)

분홍 속엔 분홍이 없다

—「분홍의 서사」 부분

고통이 고통을 구원할 것이다

—「아를에서의 일기」 부분

나는
나에게 운반되는 중이다

—「먼지 인간」 부분

나는 원래 없었다
나는 내가 어렵다

—「소년들의 세계사」 부분

나는 사라지는 중입니다
당신은 이미 검정을 지나치고 있습니다
사라졌다고 사라졌다는 것을 증명해보세요
사막은 사막을 견뎌냅니다

—「불량사막」 부분

"사과에서 사과를 빼앗고 빨강에서 빨강을 빼앗"는다는 구절에서 "부처를 만나면 부처를 죽이고, 조사를 만나면 조사를 죽이고, 나한을 만나면 나한을 죽이"라는 불교 선승 임제의 말을 떠올리게 된다. 이 말은 이렇게 이어진다. "부모를 만나면 부모를 죽이고, 친척을 만나면 친척을 죽여야 비로소 해탈할 수 있다. 일체 사물에 걸리는 바 없이 철저한 해탈자재의 경지를 얻는 것이다"[4] 이 구절에 대한 해석은 제각각이다. 스님들은 각 스님대로 해설하고 철학자들은 철학자대로 해석한다. 나 역시 이 구절에 말을 보태기에는 공부가 미약하나, 다만 이 '죽임'이 말 그대로 목숨을 빼앗으라는 말이 아니라는 것 그리고 그 결론이 "사물에 걸리는 바 없는" 상태로 나아간다는 것만은 알 수 있다. 그렇다면 시에서는 어떤가? 시인은 사과에게서 사과를 빼앗아 온다. 그리고 빨강에서 빨강을 빼앗아 온다. 그럼에도 "사과는 쉽게 죽지 않으며", "흙과 물의 계절"로 돌아간다.[5] '사과'라는 동일성으로부터 동일성의 속성을 제거한다. 그래도 사과는 죽지 않는다. 다만 사과의 이전으로 돌아갈 뿐이다. 스스로를 밀어내며 생동하던 새와 달리 사과의 세계는 정물의 세계이고 스스로 깊어지는 고요와 침묵의 세계이다. "분홍에 분홍이 없다"는 말은 분홍이라는 색을 지닌 사물은 사실 분홍을 밀어내기(반사하기) 때문에 분

---

4) 「[선의 르네상스 선지식] 18. 임제 의현과 임제종 선풍」, 『현대불교신문』 2019. 10. 04. 정운 스님.

5) (마치 프랑시스 퐁주가 "대상도 물론 충격을 받은 표시를 한다. 진리는 다치지 않고 다시 날아간다"고 말했듯)

홍이라는 실재론적 인식이라도 볼 수 있겠지만, 불상에는 부처가 없다는 지성론적 인식으로 볼 수도 있을 것이다. (그 둘을 동시에 품고 있는 문장이라는 점에서 더욱 의미심장하다.) 그러니 (고흐를 모티프로 한) 화자가 "실패란 어떤 색깔인가?"라고 물을 때 (「아를에서의 일기」) 이는 색(色)을 통해 공(空)을 재현하고자 하는 의지가 된다. 이처럼, 주체/객체, 인식/대상의 이분법을 벗어나고자 사물 연습을 하는 시인에게 이 사물은 "당신과 나의 침묵을 감당할 수 있"는 신이다. 그러므로 사물 연습은 참선(參禪)의 과정이라고도 볼 수 있을 것이다. 참선이 그러하듯, 외부의 움직임을 멈추고 돌멩이처럼 있다고 하더라도 나는 돌멩이가 되지 않는다. 시인은 사물이 아니고, 신이 아니기 때문(발음은 비슷하다. 서안나 시인, 시인, 서안나 신!)이다. 때문에 이 사물 연습은 나의 내부로 향하는 동력이자 "도착하지 못하는 여행"이 된다. "나는 원래 없었다/나는 내가 어렵다"(「소년들의 세계사」)는 고백도 "나는 나에게 운반되는 중이다"(「먼지 인간」)라는 진술도 나의 내부로 향하는 인력이 작용한 문장들일 것이다.

그렇다면 이 '새'와 '사과'는 그저 언어와 시의 차원에서만 벌어지는 일인가? 시인 개인의 사유 실험에 그치는가? 나는 그렇지 않다고 말하고 싶다. 시인은 하나의 단어가 가지고 있는 묵은 때를 씻기고, 언어가 가진 굴레를 풀어주는 존재이다. 언어라는 매개를 통해 시를 제시하고 전달

할 수밖에 없는 운명을 타고났지만, 그렇다고 하여 언어를 맹신하지 않는다. 오히려 기존의 언어를 의심하고, 교란하며 해방한다. 그럼으로 비로소 시인은 시와 함께할 자격을 얻게 된다. 그리고 말하자면, 이 과정은 이 글의 첫 시작에서 인용한 랑시에르가 말했듯 '정치적인' 행위이며, 해방이고 저항이 된다.[6] 또한 서안나는 언어 자체에 대한 실험과 갱신과 동시에, '제주와 여수와 순천과 광주'에서 일어난 폭력들(「아침의 방향」)이나 "국민교육헌장"을 통해 개인을 억압하고 착취하던 국가의 폭력에 대해(「궁민교육헌장」) 고발하기도 한다. 어른들의 공모로 유지되는 억압의 세계인 상징계에 온전히 진입하기를 거부하는 미성년 화자(소년 소녀)의 목소리를 거듭하여 내세우는 것도 이 저항과 해방의 과정과 맥이 닿아 있다. 이 시집에선 대상에 대한 인식론적 실험, 언어와 기표(단어) 자체에 대한 실험, 주체-되기에 대한 실험이 전방위적으로 펼쳐지고 있는 것이다.

밀물과 썰물, 생성과 소멸의 교차

6) "문학이 사물들에 다시 이름을 붙이고, 단어들과 사물들 사이의 틈을 만들고, 단어들과 정체성 사이의 틈을 만듦으로써 결국 탈정체화, 즉 주체화의 형태, 해방 가능성, 어떤 조건에서 벗어날 수 있는 가능성을 만들어내는 데 개입한다는 의미에서 정치적인 것"이다.

깨진 중국 인형의 눈동자 속에서
울고 싶은 자들이 운다
죽은 꽃이 죽은 꽃을 밀고 나오는
사라지는 밤이었다

돌아누우면
물결이던
애월

―「백 톤의 질문」 부분

당신이 가장 아름다울 때
달이 뜬다, 애월에선
물이 깊어 떠난 마음을 잡아당길 수도 있겠다

―「애월 24」 부분

폐가 아픈
나무 원앙

피가 돌아
교교교교 운다

―「애월 1」 부분

흰 얼굴로 돌 속에 앉아 돌 해금을 켠다 해금이 노루 소리로 운다

—「애월 30」 부분

맨발로 돌 속의 꽃을 꺾었다
흰 소와 만근의 나무 물고기가 따라왔다

—「애월 2」 부분

앞서 말한 '새를 향하는 의지'를 척력, 혹은 원심력의 세계라 부를 수 있을 것이며, '사과를 향하는 의지'를 인력, 혹은 구심력이라 부를 수 있을 것이다. 이 인력과 척력이 끊임없이 교차하며 생성과 소멸이 동시에 일어나는 공간으로, 서안나의 바다가 있고, 애월이 있다. 인력과 척력은 여기에서는 밀물과 썰물이 되기도 한다. "깨진 중국 인형의 눈동자 속"은 인력이 작용한 세계이고, "죽은 꽃이 죽은 꽃을 밀고" 나와 "사라지는" 밤의 세계는 척력의 세계라 볼 수 있다. 이 둘이 교차할 때, 시인에게 필연 "물결이던/애월"이 찾아온다. 이 애월의 세계는 달이 뜨고, 달에 이끌려 밀려오고 멀어지는 바다가 있고, 물이 깊어 멀어진 마음을 (달이 멀어 깊어진 물을) 잡아 당겨볼 수 있는 곳이기 때문이다. 이 밀고 돌아오는 힘으로 나무 원앙에는 피가 돌고, 나는 돌 속에 앉아 해금을 켤 수 있게 된다. 물론 이 애월은 꼭 제주특별자치도 제주시 애월읍이라는 공

간만을 의미하지 않는다. "돌 속의 꽃을 꺾"을 수 있고, "나무 물고기가" 움직여 나를 따라오는 세계가 이 애월의 세계이다.

물양귀비는 해마다 꽃을 피우고
새 피가 돈다
한밤에 천리를 가는 등대 불빛은 고요에 가깝다
검은 먹으로 둥글게 휘어지는
애월이라는 필체

저 파도 속을 달려가는
만 마리의 말들은 언제 다 썩을 것인가
무량한 달빛은 언제 사람으로 우뚝 일어서는가

절벽에서 창백한 손과 발바닥으로
일어서는 진흙 사람들
터진 눈으로 고요에서 얼마나 달아났느냐

—「애월 29」 부분

흙에 물을 개면 불타는 진흙 얼굴이 떠올랐다 얼굴은 여러 번 읽어도 낡지 않는다 황금빛 밤의 끝에서 멈춘다 뒤돌아보면 나를 따라온 병든 사내가 이끼처럼 물가에 앉아 있다

—「애월 34」 부분

죽간을 쓰고 진흙으로 봉하는 밤이면
애월로 애월로 돌아오는 파도들

—「애월 29」 부분

"새 피가" 도는 애월의 세계에선 등대 불빛의 고요와, "파도 속을 달려가는 만 마리의 말"의 혼돈이 공존하는 세계. 이곳에서 "진흙 사람들"이 태어난다. 이 진흙의 인형들은 어떠한가? 이 진흙은 사물과 새의 중간 물성을 가진 존재로 보인다. 물과 돌의 중간인 이 진흙은 사람의 형상을 하고 있으나, "비를 맞으면/내 몸에서/무너진 풍경이 다시 무너지지 않"(「진흙 연습」)는 물성을 지녔다. 이 진흙은 "나를 따라온 병든 사내"이거나, 나의 아픔이 호출해낸 타인의 모습으로 시에 등장하기도 한다.(「진흙 연습」) 그리하여 이 진흙이 무엇인지, (시집의) 첫 시였던 「손톱의 서정」의 "진흙으로 두 눈을 바른 아이가" 무엇이고, 시인의 어떤 무의식이 발현한 것인지에 대해 섣부른 의미화나 해설은 하지 않기로 한다. 다만, 손을 대면 지문이 묻어나고, 눈을 감아도 한 사람의 영혼과도 마주치지 않는, "진흙 피가 쏟아지지 않고", "진흙 심장이 금이 가지 않"(「진흙 연습」)는 이 진흙 인간을 시 안에서 만져보고 말 걸어보고, 껴안아 본다면 어떨까? 육체의 실감과 비실감이, 영혼의 실감과 비실감이 바라보는 자의 마음에 따라 순간순간 교차하는 이 진흙 인형의 얼굴을 거울 속 시인의 얼굴로 생각해본다. 언젠가 지하철 스크린 도어에서 서안나의 「애월 혹은」[7]을 통해 처음 그의 시를 만났던 순간이 아직 생생하다. '애월 혹은'. 이 '혹은' 뒤의 공백에 여러 말을 넣어보며 열차를 기다리곤 했다. 스크린 도어의 시를 읽으며 재미있는 것은 시를 읽는 나의 표정이 스크린 도어에 실시간으로 비친다는 것이다. 그 공백에 공백을 넣어보는 얼굴의 시간에서부터 이 글이 시작되었을지도 모를 일이다. 애월 혹은. 나는 이제 이 '혹은' 뒤에 잠겨 있는 침묵의 공간에 진흙 얼굴을 한 당신을 넣어본다.

---

7) 서안나 시집, 『립스틱 발달사』, 천년의시작, 2013.

시인수첩 시인선 063
새를 심었습니다

초판 1쇄 인쇄 2022년 9월 23일
초판 1쇄 발행 2022년 9월 30일

지은이 | 서안나
발행인 | 이인철

펴낸곳 | (주)여우난골
주　소 | 서울특별시 강남구 언주로30길 27, 606호 (도곡동 우성리빙텔)
전　화 | 02-572-9898
팩　스 | 0504-981-9898
등　록 | 2020년 11월 19일 제2020-000328호

블로그 | blog.naver.com/seenote
이메일 | seenote@naver.com

ISBN 979-11-92651-01-9 03810